Patrick Niedenführ

Verkauf von Konsolenspielen

Rechtliche Problematik von Online Shops

GRIN Verlag

Bibliografische Information der Deutschen Nationalbibliothek:

Die Deutsche Bibliothek verzeichnet diese Publikation in der Deutschen National-
bibliografie; detaillierte bibliografische Daten sind im Internet über http://dnb.d-
nb.de/ abrufbar.

Impressum:

Copyright © 2011 GRIN Verlag GmbH
Druck und Bindung: Books on Demand GmbH, Norderstedt Germany
ISBN: 978-3-656-59510-6

GRIN - Your knowledge has value

Der GRIN Verlag publiziert seit 1998 wissenschaftliche Arbeiten von Studenten, Hochschullehrern und anderen Akademikern als eBook und gedrucktes Buch. Die Verlagswebsite www.grin.com ist die ideale Plattform zur Veröffentlichung von Hausarbeiten, Abschlussarbeiten, wissenschaftlichen Aufsätzen, Dissertationen und Fachbüchern.

Besuchen Sie uns im Internet:

http://www.grin.com/

http://www.facebook.com/grincom

http://www.twitter.com/grin_com

„Verkauf von Konsolenspiele"

Rechtliche Problematik von Online Shops

Patrick Niedenführ

4. Semester Software-Produktmanagement

Seminararbeit

Hochschule Furtwangen

IT Recht

RA Achim Loewen

SS 2011

22.April 2011

Vorwort

Der Verkauf von Konsolen- und Computerspiele, boomt vor allem seit es Online Shops gibt. Auf einmal besteht die Möglichkeit, die Ware gleich von Zuhause aus zu bestellen. Allerdings führen die Online Shops eine primäre Problematik mit auf: Die Alterskontrolle.

Bestellungen können über eBay, Amazon und Co. ohne Legitimation durchgeführt werden. Die rechtliche Frage die sich hier stellt ist, inwieweit die Online Shops haftbar zu machen sind. Amazon hat es nun eingeführt, Artikel die nur an Käufer verkauft werden dürfen, die das 18. Lebensjahr vollendet haben, eine Legitimation bei dem Empfang der Ware durchzuführen. In der Bestellung wird hierauf explizit hingewiesen, bei der Warenannahme den Personalausweis vorzuzeigen.

Damit hat Amazon sich soweit aus der Verantwortung gezogen, indem sie eine Altersüberprüfung anordnen. Die Frage ist jedoch; ist das ausreichend? Umgehen kann man diese Kontrolle auf vielerlei Wegen. Einer davon wäre, dass der Account bei den Online Shops auf die Eltern oder älteren Geschwister läuft und somit muss nur der Ausweis der jeweiligen Person vorgelegt werden.

Bei eBay ist die Situation nicht ganz so einfach. Laut eigenen Angaben soll eBay rund 280 Millionen Mitglieder aufweisen. 280 Millionen Möglichkeiten, welche es erlauben, Waren zu kaufen und zu verkaufen. Zwar dürfen indizierte Medien (Erläuterung in Kapitel 1) in Deutschland bei Minderjährigen weder beworben, zugänglich gemacht noch öffentlich zum Kauf angeboten werden, jedoch ist die Auslegung dieser Grundsätze von eBay unterschiedlich zu interpretieren. Beispielsweise löscht eBay keine indizierten Medien welche in britischem Pfund und auf den britischen Seiten angeboten werden.

In dieser Seminararbeit wird auf die Problematik von indizierten Spielen, sowie den Grauzonen im Bereich Online Verkauf näher eingegangen werden. Hierbei wird deutlich, welchen komplexen, rechtlichen Zwängen unsere Gesellschaft obliegt.

Patrick Niedenführ   Furtwangen, 2011

Patrick Niedenführ

Kurzusammenfassung

Diese vorliegende wissenschaftliche Arbeit diskutiert das Thema des Verkaufs von jugendgefährdenden PC- und Konsolenspiele über das Internet. Hierfür wird zuerst eine Einleitung sowie eine Erklärung zu indizierten Spielen verfasst, welches die rechtliche Problematik verdeutlichen soll. Hierbei wird sich auf das Jugendschutzgesetz und das Bürgerliche Gesetzbuch berufen.

Die Intention zu diesem Thema liegt primär bei der Aktualität der Problematik. Der zunehmend wachsende Anteil an Verkäufen über das Internet, bringt diverse Schwierigkeiten mit sich. Die Unterhaltungskontrolle Software (USK) kümmert sich schwerpunktmäßig auf die Kennzeichnung von PC und Konsolenspielen. Die USK legt auch fest, welche Spiele als „indiziert" zu betrachten sind. Somit ist diese Örtlichkeit Gegenstand dieser Seminararbeit, um die Problematik der „indizierten Spiele" transparenter gestalten zu können.

Desweiteren wird bei der Betrachtung der Rechtlichen Problematik sowohl die Seite des Versandhandels (z.B. Amazon) als auch die Seite des Grauimportes behandelt. Um die rechtliche Problematik besonders hervorheben zu können, wird dies anhand eines fiktiven Beispiels vom Autor erörtert.

Das Resultat dieser Erörterung geht über in verschiedene Möglichkeiten, welche dem Verkäufer die Möglichkeit bieten, eine Altersverifikation durchzuführen und sich somit rechtlich abzusichern, dass die Ware nur an Personen über 18 ausgehändigt wird.

Abbildungsverzeichnis

Inhaltsverzeichnis

1. Einleitung

„Natürlich achte ich das Recht. Aber auch mit dem Recht darf man nicht so pingelig
sein. "[1]   Konrad Adenauer (1876-1967)

Ginge es nach dem Zitat von Adenauer, würden die Nutzer von Konsolen- und PC-
Spielen die Meinung vertreten: Egal ob 17 oder 18, wo ist da der Unterschied?

Rein gesellschaftlich mag der Unterschied minimal sein. Die heutige Jugend mag,
unter Umständen, mit 18 nicht unbedingt reifer sein, als mit 17. Juristisch gesehen,
ist das jedoch eine andere Baustelle. Hier geht es in erster Linie um das Jugendschutzgesetz. Genauer um § 11 und §12 Absatz 3 Jugendschutzgesetz (JuSchG) im
Bereich der Medien[2]. Hier wird geregelt welche Rechte und Möglichkeiten Jugendliche haben. Desweiteren ist gesetzlich geregelt, dass Jugendliche alle Personen um-
fassen, welche zwar 14 Jahre sind, aber noch nicht das 18. Lebensjahr und somit die
Volljährigkeit erreicht haben. Somit ist die Rechtslage eindeutig. So „kleinkariert"
dies sein mag, rein juristisch gesehen ist der Verkauf, Besitz oder die Benutzung von
PC- oder Konsolenspiele, sogenannte Trägermaterialien, welche keine Jugendfreigabe aufweisen für Jugendliche nicht zulässig.

Einen weiteren Bezug gibt es zum Bürgerlichen Gesetzbuch (BGB). Hier wird eindeutig festgelegt, welche Bestimmungen für das Abschließen eines Vertrages, sowie
die Geschäftsfähigkeit von Jugendlichen zutreffen. In § 108 BGB wird beispielsweise geregelt, dass Minderjährige bei Vertragsschlüsse die elterliche Zustimmung be-
nötigen. § 110 BGB besagt, dass ein Vertrag, welchen ein Minderjähriger abschließt,
bereits von Anfang an als rechtlich wirksam gilt, wenn sich der Jugendliche die „ver-
tragsmäßige Leistung mit Mitteln bewirkt, die ihm zu diesem Zweck (...) von einem
Dritten überlassen worden sind."[3]

Es stellt sich jedoch die Frage, ob § 110 BGB Anwendung findet, wenn ein Jugendlicher über den Account der Eltern z.B. bei eBay einen Kauf tätigt. Hier dürfte § 164

---

[1] http://www.standardvertraege.de/tipps_zitaterecht.html (23.06.2011, 12:20 MEZ)
[2] http://www.bmfsfj.de/RedaktionBMFSFJ/Abteilung5/Pdf-Anlagen/jugendschutzgesetz-
fliesstext,property=pdf,bereich=bmfsfj,sprache=de,rwb=true.pdf (23-04-11, 14:32 MEZ)
[3] http://bundesrecht.juris.de/bundesrecht/bgb/gesamt.pdf (23-04-11, 15:01 MEZ)

BGB in Verbindung mit § 177 BGB greifen. Der Minderjährige handelt als Vertreter ohne Vollmacht Die Wirksamkeit des Kaufs ist schwebend unwirksam.

Nur um diese Problematik kümmert sich keiner. Ich wage zu behaupten, dass in fast jedem Jugendzimmer digitale Medien verwendet werden, die nicht den Bestimmungen des Jugendschutzgesetzes Genüge tun. Der Käufer ist glücklich, weil er die Ware hat; der Verkäufer ist glücklich, weil er seine Aktiva erhalten hat. Somit gilt:

„Nullo actore, nullo iudex" (Wo kein Kläger, da kein Richter)

Die Problematik liegt dabei an der öffentlichen Kritik. Sobald Jugendliche Amok laufen, sind die Videospiele und Horrorfilme dran schuld. Dann wird der Ruf nach dem harten juristischen Durchgreifen laut. Eltern bewegen sich hierbei in einer Grauzone. Erlauben sie die Benutzung dieser Spiele, können sie in Extremfällen haftbar gemacht werden. Verbieten sie die Verwendung, erlangen die Kinder und Jugendlichen ihre Befriedigung eben bei Klassenkameraden. Ob dies hilfreich für eine Eltern-Kind-Beziehung ist, behandelt das Thema der Sozialwissenschaften.

1.1 Indizierung

Wurden erst einmal jugendgefährdende Trägermaterialien identifiziert, werden sie in der Regel in einen Index aufgenommen. Diese Aufnahme in ein Verzeichnis verbotener Werke wird als Indizierung bezeichnet.[4] In der Praxis bedeutet dies, dass digitale Trägermaterialien wie Filme, Konsolen- oder PC Spiele von der Bundesprüfstelle für jugendgefährdende Medien, eben in diesen Index aufzunehmen sind. Solche indizierten Medien unterliegen strengsten Abgabe-, Verbreitungs- und Werbebeschränkungen. Somit ist es nicht gestattet, mit Medien welche in den USA erlaubt sind, jedoch in Deutschland auf dem Index stehen, Kaufangebote bei eBay oder anderen Portalen zu stellen, ohne Verifikation des Alters. Zwei Beispiele sind die bei Jugendlichen beliebten Spiele „Counter Strike" oder „Return to Castle Wolfenstein". Zwar sind diese Spiele in Deutschland ab 18 verfügbar („Counter Strike" UK mittlerweile ab 16), jedoch handelt es sich hierbei meines Wissens um eine zensierte Variante. Die US-Variante obliegt allerdings nicht dieser Zensur. Diese Version ist in Deutschland nicht zulässig. Man bekommt das Spiel „Return to Castle Wolfenstein" auch bei Amazon beispielsweise nur als Importware aus Frankreich.

---

http://www.medienzensur.de/seite/indizierung.shtml (24-04-11, 14:00 MEZ)

Die Problematik bei indizierten Spielen ist allerdings die, dass solche Trägermedien keine vorherige USK Einstufung aufweisen dürfen.

Welche Bestimmungen für diese digitalen Medien gelten wird in § 18 Absatz 1 JuSchG festgelegt. Dort heißt es:

„1) Träger- und Telemedien, die geeignet sind, die Entwicklung von Kindern oder Jugendlichen oder ihre Erziehung zu einer eigenverantwortlichen und gemeinschaftsfähigen Persönlichkeit zu gefährden, sind von der Bundesprüfstelle für jugendgefährdende Medien in eine Liste jugendgefährdender Medien aufzunehmen. Dazu zählen vor allem unsittliche, verrohend wirkende, zu Gewalttätigkeit, Verbrechen oder Rassenhass anreizende Medien sowie Medien, in denen

1. Gewalthandlungen wie Mord- und Metzelszenen selbstzweckhaft und detailliert dargestellt werden oder
2. Selbstjustiz als einzig bewährtes Mittel zur Durchsetzung der vermeintlichen Gerechtigkeit nahe gelegt wird."

Allerdings darf ein Trägermedium nicht einfach aus religiösen, sozialen oder politischen Gründen in die Liste aufgenommen werden. Ein Beispiel wäre hierfür das Videospiel „Prince of Percia". Eine Aufnahme in den Index aus politischen Gründen, Persien ist der heutige Iran, wäre rechtlich unzulässig.

Wie bereits angesprochen obliegen indizierte Spiele Werbebeschränkungen. Dies bedeutet, dass diese Waren Kindern und Jugendlichen nicht öffentlich zugänglich gemacht werden dürfen. Der Verkauf ist dann gestattet, wenn sich der Käufer als Volljährig ausweisen kann[5]. Eine Indizierung hat in der Regel eine Gültigkeit von 25 Jahren und wird bei Missachtung mit einer Geld- oder Freiheitsstrafe nach § 27 JuSchG geahndet. Die Höhe des Strafmaßes richtet sich danach, ob die Tat fahrlässig oder vorsätzlich begangen wurde. Bereits bei Fahrlässigkeit kann eine Freiheitsstrafe von bis zu 6 Monaten oder eine Geldstrafe von 180 Tagessätzen verhängt werden.[6]

---

[5] http://www.medienzensur.de/seite/indizierung.shtml (24-04-11, 14:11 MEZ)
[6] http://www.gesetze-im-internet.de/JuSchG/__27.html (24-04.11, 14:34 MEZ)

Eine   Übersicht   über   den   aktuellen   Index   kann   auf
http://de.wikipedia.org/wiki/Kategorie:Indiziertes_Computerspiel   (Quelle   vom
24.04.2011, 14:37 MEZ) eingesehen werden.

2. Einstufung USK

Die Unterhaltungssoftware Selbstkontrolle (USK) ist in Deutschland die zuständige Örtlichkeit für die Altersfreigabe von Konsolen- und Computerspielen.[7] In den übrigen europäischen Ländern gilt die PEGI-Richtline[8] (Pan European Game Information, z. dt. Europaweite Spieleinformation).

Anfangs wurden diese Einstufungen als Empfehlung angesehen, sind jedoch seit Einführung der Novelle im April 2003 des Jugendschutzgesetzes[9], vorgeschriebene und verpflichtende Signaturen, sowohl auf dem Trägermaterial als auch auf der Aufmachung des Produktes. Die verschiedenen Alterseinstufungen sind im Jugendschutzgesetz unter § 14 festgelegt. Für den Verkauf von Spielen, welche keine Jugendfreigabe aufweisen (Freigabe ab 18), gelten besondere Richtlinien. Ware, welche nicht unter 18-jährige verkauft werden darf, dürfen nicht im Versandhandel angeboten werden. Dies schließt auch Online Shops wie Amazon und eBay mit ein. Jedoch gilt hier die Ausnahme, der Altersverifikation. Der Online Shop Amazon beispielsweise führt bei Lieferung der Ware eine Überprüfung des Alters mittels Personalausweis durch. Shops welche diese Verfahrensweisen anwenden sind von dieser Bestimmung ausgeschlossen. Die farblichen Kennungen für die jeweiligen Altersstufen sind nachfolgend aufgeführt.

Abbildung 1: Einstufung USK (in Anlehnung an [6])

---
[7] http://www.usk.de/ (25-04-11, 13:34 MEZ)
[8] http://www.pegi.info/de (25-04-11, 13:37 MEZ)
[9] http://de.wikipedia.org/wiki/Jugendschutzgesetz_%28Deutschland%29#Novelle_1._April_2003 (25-04-11, 13:45 MEZ)

2.1 Ablauf

Der Ablauf eines solchen Prüfverfahrens zur Bestimmung der Alterseinstufung ist relativ simpel. Bekannte Spielehersteller wie beispielsweise Activision, Adventure Soft oder CAPCOM können gegen Gebühr ihre Produkte sichten und prüfen lassen. Das Ergebnis dieser Sichtung bzw. Prüfung ist eine Einteilung in die obigen Altersstufen. Die oberste Landesjugendbehörde kann auch auf eine Prüfung und Einteilung verzichten, wenn das Produkt einen Strafbestand gemäß § 131 Strafgesetzbuch (StGB), Beispiel der Gewaltverherrlichung, darstellt. In solchen Fällen kommt dann der Einsatz der Indizierung, welcher bereits in Kapitel 1.1 beschrieben wurde, zum Tragen.

Die Prüfung bzw. Sichtung der Spiele wird meist in der Praxis erprobt. Dies bedeutet das Gutachter/innen und Sichter/innen, die jeweiligen Datenträger selbst spielen, um so eine Einschätzung für das jeweilige Alter abgeben zu können. Die hieraus gewonnene Erkenntnis wird zumeist in einer Präsentation ausgearbeitet, in der sich primär auf die Inhalte konzentriert wird, welche als jugendgefährdend gelten. Die Gutachter an sich sind dem Produkt gegenüber neutral. Meist sind es Pädagogen, Street Worker oder andere Berufsgruppen, welche sich mit Kindern und Jugendlichen beschäftigen und somit eine optimale Einschätzung gewährleisten können.

Allerdings werden in diesem Gremium nur Produkte getestet, welche auf substanziellen Materialien beruhen, also eine CD oder ähnliches verwendet wird. Online-Spiele zählen nicht unter diese Bestimmungen, sondern fallen unter die Richtlinien des Jugendmedienschutz-Staatsvertrages.[10] Die USK arbeitet jedoch explizit an der Ausweitung ihrer rechtlichen Möglichkeiten um auch diesen Sektor ausreichend abdecken zu können.

2.2 Kritik an der USK

Kritik muss sich die USK vor allem in dem Punkt der Einstufung gefallen lassen. Häufig wird berichtet, dass digitale Medien welche nach § 15 Absatz 2 JuSchG[11] verstoßen und als indizierte Medien gelten, dennoch in Deutschland über Grauimporte und Internet Shops oder Plattformen vertrieben werden können.

---

[10]http://www.kjmonline.de/de/pub/recht/gesetze_und_staatsvertraege/jugendmedienschutz-staatsvertr.cfm
[11] http://www.gesetze.juris.de/JuSchG/__15.html (25-04-11, 14:25 MEZ)

Patrick Niedenführ

Um einer Einstufung durch die USK oder einer Aufnahme auf den Index zu entgehen, behelfen sich die Hersteller meist selbst, indem sie eine Selbstzensur vornehmen. Diese Selbstzensur umfasst in der Regel das Schwärzen oder gar Entfernen von Blut und Leichen. Eine zensierte oder gekürzte Fassung von Spielsequenzen bis hin zum kompletten Abwandeln der Spielgeschichte. Dies stößt natürlich auf Seiten der Nutzer auf herbe Kritik. Produkte welche für den Erwachsenen-Markt konzipiert wurden, via Selbstzensur für den Jugend-Markt zu redigieren, werden als allgemein unsinnig aufgefasst und interpretiert. Zweifelslos kann sich eine Indizierung auch negativ auf den Absatz und die damit verbundene wirtschaftliche Bilanz des Produktes auswirken.

3. Rechtliche Problematik

Dieses Kapitel diskutiert die rechtliche Problematik des Erwerbes von PC und Konsolenspielen über diverse Vertriebsnetze wie beispielsweise den Versandhandel, sowie den gewerblichen Import aus dem Ausland, welches auch als Grauimport bekannt ist. Hierbei stehen die juristische Gratwanderung, sowie die daraus abzuleitenden rechtlichen Folgen primär im Mittelpunkt.

3.1 Versandhandel

Der Versandhandel ist eine spezielle Form des Einzelhandels und umfasst in der Regel das Anbieten von Produkten über Katalog, TV oder Internet[12]. Charakteristisch für den Versandhandel ist, dass kein persönlicher Kontakt zum Käufer besteht. Die Bestellung wird somit schriftlich, verbal per Telefon oder im Internet aufgegeben. Es werden primär zwei Vertriebswege unterschieden. Den, welcher sich direkt an ein Unternehmen wendet und den, welcher sich direkt an einen Privatkunden wendet. Die rechtliche Situation liegt bei dieser Arbeit hauptsächlich auf dem Vertriebsweg Business-to-Customer (B2C), also den Vertriebsweg an den Privatkunden. Zu den größten Internetversandhäusern zählt Amazon, sowie eBay als größte Auktionsplattform. Beide stehen sich in direkter Konkurrenz gegenüber.

3.1.1 Rechtliche Situation bei Amazon und eBay

Die rechtliche Situation, welche den Kauf von nicht indizierten PC und Konsolenspielen betrifft, ist bei beiden Plattformen gleich. Grundsätzlich besteht im Versandhandel ein Verbot für jugendgefährdende Produkte. Dies legt § 15 Absatz 1 Nr. 3 JuSchG fest. Dort heißt es:

„(1) Trägermedien, deren Aufnahme in die Liste jugendgefährdender Medien nach § 24 Abs. 3 Satz 1 bekannt gemacht ist, dürfen nicht (...)im Einzelhandel außerhalb von Geschäftsräumen, in Kiosken oder anderen Verkaufsstellen, die Kunden nicht zu betreten pflegen, im Versandhandel oder in gewerblichen Leihbüchereien oder Lesezirkeln einer anderen Person angeboten oder überlassen werden."

---

[12] http://wirtschaftslexikon.gabler.de/Definition/versandhandel.html (26-04-11, 15:29 MEZ)

Jedoch kann dieses Verbot umgangen werden, wenn nach § 1 Absatz 4 JuSchG sichergestellt wird, dass die Ware nicht in die Hände von Kindern und Jugendlichen unter 18 Jahren fällt.

Amazon beispielsweise führt bei Erhalt der Ware, durch den Lieferanten, eine Altersverifikation, in Form der Vorlegung des Personalausweises, durch. Somit stellt Amazon sicher, dass jugendgefährdende Medien nur von Personen über 18 Jahren angenommen werden kann. Amazon ist in dieser Hinsicht auch der klassische Versandhandel.

eBay dagegen, ist mehr eine Auktionsplattform, auf der sowohl gewerbliche als auch private Verkäufer die Möglichkeit haben, ihre Ware zu vertreiben. Hierbei ist jedoch ein Urteil des Bundesgerichtshofs zu beachten (Az. VII ZR 375/03)[13]. Hiernach gelten Auktionen auf eBay nicht als klassische Auktionen, sondern als Kaufverträge, welche bei Annahme der Ware, rechtsgültig sind. Diese Bestimmung ist bezüglich des Widerrufsrechts relevant. In der Kritik steht eBay immer häufiger aufgrund ihrer Prinzipien, welche oft fadenscheinig auszulegen sind. Beispielsweise eliminiert die Auktionsplattform keine indizierten Medien, welche auf britischen Seiten in britischer Währung angeboten werden.[14] Dennoch erfolgt der Versand aus der Bundesrepublik Deutschland. Dies bleibt jedoch, laut Kritiker Aussagen, unberücksichtigt.

Unterstützung erhält eBay vom Landgericht Potsdam. Laut einem Urteil des LG Potsdams vom 10.10.2002, ist „eBay nicht für jugendgefährdende Ware auf seiner Plattform verantwortlich zu machen". Weiter heißt es in diesem Urteil: „die Firma gebe nur Rahmenbedingungen vor, sie werde weder Vertragspartner, noch greife sie in den Handel ein." Diese Aussagen werden durch die Nutzungsbedingungen, welche eBay aufstellt, konkretisiert und untermauert.

Ein weiterer Auszug aus dem Urteil sagt: „eBay unternehme genug, um etwa den Verkauf von indizierten Videofilmen oder Computerspielen zu unterbinden. So habe das Unternehmen in allen Fällen, in denen es von solchen Angeboten erfuhr, umgehend reagiert und das Angebot entfernt. Außerdem mache eBay Stichproben und fordere Nutzer auf, verbotene Artikel zu melden. Zu einer aktiven Überwachung des gesamten Angebots sei das Auktionshaus laut Gesetz nicht verpflichtet."

---

[13] http://de.wikipedia.org/wiki/Ebay#Rechtliches (27-04-11, 10:59 MEZ)
[14] http://de.wikipedia.org/wiki/Ebay#Grunds.C3.A4tze (27-04-11, 11:59 MEZ)

Kritik erntet das Urteil vom Interessenverbund des Video- und Medienfachhandels (IVD). Auf Seiten des IVD wird mit diesem Urteil der Jugendmedienschutz „unterlaufen".

Desweiteren gilt nach dem Gesetz für unlauteren Wettbewerb (UWG; hier § 3, § 8), dass „Verstöße gegen das Verbot des Versandhandels mit jugendgefährdenden Medien wettbewerblich geschützte Interessen der Verbraucher beeinträchtigen.". Weiter gilt laut einem Urteil des BHG vom 12.07.2007, dass „die wettbewerbsrechtliche Verkehrspflicht des Betreibers einer Internet-Auktionsplattform hinsichtlich fremder jugendgefährdender Inhalte, sich als Prüfungspflicht konkretisiert, zu deren Begründung es eines konkreten Hinweises auf ein bestimmtes, jugendgefährdendes Angebot eines bestimmten Anbieters bedarf. Der Betreiber der Plattform ist nicht nur verpflichtet, dieses konkrete Angebot unverzüglich zu sperren, sondern muss auch zumutbare Vorsorgemaßnahmen treffen, damit es möglichst nicht zu weiteren gleichartigen Rechtsverletzungen kommt."

Fazit:

Grundsätzlich werden bei Kaufangeboten auf eBay und Amazon Kaufverträge abgeschlossen, welche nach § 433 Absatz 1 Satz 1 BGB den Verkäufer verpflichtet die Ware auszuhändigen und § 433 Absatz 2 BGB, welche den Käufer verpflichtet diese anzunehmen. Der Kaufvertag ist durch eine beidseitige einvernehmliche Willenserklärung[15] gekennzeichnet. Dieser Vertrag ist schwebend unwirksam, wenn er von einem Minderjährigen abgeschlossen wird (§ 106 BGB). Gemäß § 108 BGB bedarf es, zur Wirksamkeit des Vertrages, der Zustimmung des gesetzlichen Vertreters. Diese Prüfung des Einverständnisses ist jedoch in vielen Online Shops nicht vorzufinden. Gerade bei Auktionsplattformen wie eBay, können minderjährige Personen Waren genauso verkaufen, wie sie diese erwerben können. Zwar mag eine Prüfung der Waren stattfinden, aber eine Prüfung der Kaufabwicklung und Erfüllung der Voraussetzung der Volljährigkeit bei jugendgefährdenden Medien ist wiederum Sache des Verkäufers. Diese sind in der Regel jedoch über die eigentliche Kaufabwicklung glücklich genug; immerhin geht es hierbei um Geldmittel, welche erlangt werden wollen.

---

[15] http://ruessmann.jura.uni-sb.de/bvr2003/Vorlesung/we.htm (27-04-11, 11:45 MEZ)

3.2 Grauimport

Grauimport, in der Regel auch als Parallelimport bezeichnet, definiert den gewerblichen Erwerb von Waren im Ausland.[16] Die Problematik bei dieser Vertriebsform ist zumeist, dass sie nicht dem vom Hersteller genehmigten Vertriebsweg entspricht. Verwendet wird diese Form vor allem aus Kostengründen wie beispielsweise Steuervorteile oder geringere Preise für die Ware.

Rechtlich gesehen besteht jedoch das Risiko der Abmahnung für Händler und Verkäufer, welche ohne von der USK gekennzeichnete Konsolen- und PC-Spiele, aus dem Ausland beziehen und in Deutschland vertreiben. Diese Medien verstoßen gegen die Bestimmungen des § 12 Absatz 1 und 2 JuSchG. Hier heißt es u.a.:

„Bespielte Videokassetten und andere zur Weitergabe geeignete, für die Wiedergabe auf oder das Spiel an Bildschirmgeräten mit Filmen oder Spielen programmierte Datenträger (Bildträger) dürfen einem Kind oder einer jugendlichen Person in der Öffentlichkeit nur zugänglich gemacht werden, wenn die Programme von der obersten Landesbehörde oder einer Organisation der freiwilligen Selbstkontrolle im Rahmen des Verfahrens nach § 14 Abs. 6 für ihre Altersstufe freigegeben und gekennzeichnet worden sind oder wenn es sich um Informations-, Instruktions- und Lehrprogramme handelt, die vom Anbieter mit „Infoprogramm" oder „Lehrprogramm" gekennzeichnet sind."

Somit muss der Händler sicherstellen, dass die Ware die er aus dem Ausland bezieht, nur an Jugendliche über 18 Jahre ausgegeben wird. Die Datenträger nachträglich kennzeichnen ist nicht zulässig. Geahndet wird ein Fehlverhalten mit einer kostenintensiven Abmahnung und einem Bußgeldverfahren, da ein Verstoß gegen obige Bestimmung als Ordnungswidrigkeit geahndet wird.[17]

Bei älterer Ware, die nicht bestickert ist, gilt nur im Verkaufsfall eine Nachstickerungspflicht. Nicht betroffen sind hierbei Privatpersonen, die über Flohmärkte und Internet ihre eigenen Medien vertreiben. Jedoch ist genau hier die Grauzone zu erkennen. Privat kann jeder indizierte Spiele vertreiben. Die Beweispflicht,

---

[16] http://wirtschaftslexikon.gabler.de/Definition/parallelimporte.html (03-05-11, 10:18 MEZ
[17] http://www.it-recht-kanzlei.de/grauimport-computer-konsolenspiele.html (03-05-11, 10_32 MEZ)

dass der Käufer über 18 ist, wird von dem Privatverkäufer zumeist nicht erbracht. Der Verkäufer freut sich über das Geld, der Käufer über die Ware. Auch Jugendliche, welche über das Ausland Waren bestellen, die zwar dort ab 16 freigegeben ist, aber in Deutschland keine Jugendfreigabe erhalten sind nur bedingt zulässig. Der Kauf an sich ist nicht verboten, jedoch darf das Produkt eben nie den Käufer erreichen. Sobald es die Grenze erreicht (Beispiel Verkauf UK zu D), gilt das deutsche Recht. Dann ist es dem Käufer nicht erlaubt, die Ware (wenn dieser minderjährig ist) in Empfang zu nehmen.

Das Vertriebsnetz heißt aber nicht umsonst „Grauimport". Gerade bei Privatverkäufen über Plattformen wie beispielsweise eBay, sind diese Probleme stark vertreten. Über die britischen eBay Seiten lassen sich indizierte Spiele in britischer Währung erwerben[18]. Dass der Versand innerhalb der Bundesrepublik durchgeführt wird, sogar der Artikelstandort in Deutschland ansässig ist, wird hier exzessiv ignoriert. Somit kann gesagt werden, dass der private Verkauf von indizieren Spiele über Online-Shops oder andere Tagesgeschäfte, kaum bis gar nicht geahndet wird. Ob und wie sich dieser Problematik in Zukunft angenommen wird, bleibt abzuwarten.

---

[18] http://de.wikipedia.org/wiki/Ebay#Grunds.C3.A4tze (03-05-11, 10:51 MEZ)

Patrick Niedenführ

4. Fallbeispiel

Anhand eines Fallbeispiels lässt sich die rechtliche Situation wie folgt erklären:

Jan, 14 Jahre alt, erhält von seinen Eltern monatlich ein angemessenes Taschengeld zur freien Verfügung. Hiervon kauft er sich über einen Online-Shop das heiß ersehnte Spiel „run and kill" das in seiner Klasse der Renner ist. Vor drei Wochen wurde jedoch im Bundesanzeiger veröffentlicht, dass das Spiel in den Index der jugendgefährdenden Medien der Bundesprüfstelle mit der Einstufung USK 18 aufgenommen wurde.

Gem. § 12 Abs. 3 Nr. 2 JuSchG dürfen Spiele ohne Altersfreigabe unter anderem nicht im Versandhandel angeboten oder überlassen werden. Jedoch hat der Versandhandel nach dem Jugendschutzgesetz eine Ausnahmeposition inne. Grund hierfür ist, dass sowohl der Vertragsschluss als auch die Abwicklung ohne persönlichen Kontakt zum Kunden verläuft. Jedoch besteht für den Händler die Möglichkeit diese Bestimmung zu umgehen. Trifft der Online-Händler technische oder sonstige Vorkehrungen damit die Ware nicht in die Hände von Kindern und Jugendlichen fällt, so wird er nicht mehr als Versandhändler im Sinne der Norm nach § 1 Abs. 4 JuSchG angesehen. Er ist zwar seiner Tätigkeit nach weiterhin ein Online-Händler, jedoch nicht mehr im jugendschutzrechtlichen Sinne.

Um nicht in die Norm des § 1 Abs. 4 JuSchG zu fallen, kann der Händler unter anderem ein Programm zur Altersverifikation installieren. Die Installierung eines solchen Altersverifikationssystems zur Sicherstellung der Zugänglichmachung des Angebots wird als ausreichend angesehen. Es gibt jedoch auch noch andere Möglichkeiten der Verifikation:

Bei der Erstanmeldung bei eBay oder anderen Online-Shops wird für gewöhnlich nach dem Alter gefragt. Dies wird dann an den Verkäufer weitergegeben. Dieses System ist jedoch eines der am einfachsten zu umgehenden. Der Jugendliche muss lediglich ein anderes Geburtsjahr angeben. Diese Art der Altersverifikation ist jedoch gänzlich ungeeignet. So ist die Verpflichtung zur wahrheitsgemäßen Altersangabe z.B. über die AGBs zweifelsohne völlig unzureichend. In den AGBs zu verlangen, dass alle Angaben, einschließlich der Angabe des Geburtsdatums, der Wahrheit entsprechen und auf die Richtigkeit dieser Angaben zu vertrauen ist unzureichend, da mit Jugendlichen schon keine wirksamen allgemeinen Geschäftsbedingungen vereinbart werden können.

Eine weitere Möglichkeit der Überprüfung bietet die eID-Funktion des neuen Personalausweises. Hierfür sind jedoch die Freischaltung des Ausweises sowie ein Kartenlesegerät nötig. Auch dieses System weist Lücken auf. Dem Verkäufer wird lediglich bestätigt, dass der Inhaber des Personalausweises über 18 Jahre ist. Jedoch könnte jeder Jugendliche sich leicht unter dem Namen seiner Eltern oder älteren Geschwister bzw. Bekannten anmelden und deren Personalausweis benutzen. Der Verkäufer hätte zwar die geforderte Altersverifikation durchgeführt, jedoch würde auch hier der Jugendliche an das jugendgefährdende Medium kommen. Im Übrigen ist diese Vorgehensweise nach § 281 StGB strafbar.

Auch könnte der Verkäufer in sein System die Möglichkeit aufnehmen, dass das Alter des Käufers anhand der Identifikationsnummer des Personalausweises überprüft wird. Jedoch ist hier dasselbe Problem wie beim Personalausweis mit eID-Funktion. Dem Verkäufer kann online nicht garantiert werden, dass der Käufer Inhaber des Ausweises ist. Eine weitere Schwachstelle dieses System ist, dass die Identifikationsnummer berechnet werden kann. Die Nummer kann so, ohne Kenntnis des Inhabers, einfach kopiert werden. Doch auch hier würde sich der Jugendliche des Missbrauchs von Ausweispapieren gem. § 281 StGB strafbar machen. Nach aktueller Rechtsprechung ist diese Art der Altersverifikation zwischenzeitlich verboten. Der BGH hat in seinem Urteil vom 18.10.2007 (Az.: I ZR 102/05) entschieden, dass diese Art der Verifikation zum effektiven Jugendschutz nicht geeignet ist.

Es besteht ferner die Möglichkeit der Altersverifikation durch Datencheck und Einschreiben. Hierbei überprüft der Verkäufer die Identität des Kunden, beispielsweise durch eine Auskunft aus dem Melderegister. Nach erfolgter Mitteilung erhält der Kunde per Einschreiben sein geschütztes Passwort. Das System gilt zwar als sicher, jedoch ist der Zeitaufwand recht hoch. Auch hier kann nicht ausschlossen werden, dass auf diesem Wege Daten unbefugt an Dritte gelangen.

Das Postident-Verfahren gilt als sehr sicher. Hierbei muss der Kunde sein Alter in der Postfiliale überprüfen lassen. Jedoch ist auch dies mit einem hohen Zeitaufwand verbunden. Nach dem Nachweis des Alters muss der Käufer ein Formular ausfüllen. Dieses wird an den Verkäufer gesandt. Der Kauf kann erst nach Eingang des Formulars beim Verkäufer abgeschlossen werden. Bei normaler Postlaufzeit beträgt dies durchschnittlich zwei bis drei Tage.

Ein zusätzliches Erfordernis ist, dass die Ware lediglich an den volljährigen Kunden an welchen sie adressiert ist, persönlich ausgehändigt wird. Dies kann zum Beispiel durch die Versandart „Einschreiben eigenhändig" gewährleistet werden (vgl. Urteil des BGH v. 12.07.2007, Az.: I ZR 18/04). Jedoch wirft dieses Erfordernis eine Streitfrage auf. So spricht § 1 Abs. 4 JuSchG lediglich vom „Versand" an Kinder und Jugendliche, jedoch nicht vom Empfang. So hat der Händler nach dieser Vorschrift nur sicherzustellen, dass kein Versand an den Jugendlichen erfolgt.

Gleichwohl kann bei keinem der Möglichkeiten zur Verifikation ausgeschlossen werden, dass das Spiel einer nicht zum Besitz befugten Person in die Hände fällt. Bei jeder Art der aufgeführten Varianten bestehen Schwachstellen die mehr oder weniger leicht zu umgehen sind. Kein Online-Verkäufer kann zu 100 % ausschließen, dass seine jugendgefährdende Ware in die Hände von Kindern oder Jugendlichen fällt, für die sie nicht geeignet ist. Wenn die Ware durch ältere Geschwister oder Bekannte bestellt wird, eine Altersverifikation positiv durchgeführt wird und das Spiel nach Lieferung dem Minderjährigen ausgehändigt wird, trifft den Händler hieran keine Schuld. Vor Gericht müsste er lediglich den Nachweis erbringen, dass er ein geeignetes Altersverifikationssystem angewandt hat.

Umgeht ein Jugendlicher diese Systeme so könnte ein Anzeige wegen Betruges erfolgen (§ 263 StGB). Allerdings werden diese Verfahren im Regelfall durch die zuständige Staatsanwaltschaft eingestellt, da der Vorsatz nicht nachgewiesen werden kann. Ein Betrug läge nur vor, wenn der Jugendliche schon bei Bestellung die Absicht hätte, die Ware nicht zu bezahlen und so sich einen rechtswidrigen Vermögensvorteil zu verschaffen.

Doch nicht nur das Jugendschutzrecht soll Jugendliche vor solchen Käufen schützen. Auch das Wettbewerbsrecht soll ein wenig den Schutz der Jugendlichen gewährleisten. So ist § 4 Nr. 2 UWG eine ausdrückliche Schutzbestimmung gegenüber Jugendlichen. Wer Wettbewerbshandlungen vornimmt, die geeignet sind die geschäftliche Unerfahrenheit von Kinder sowie Jugendliche auszunutzen, handelt unlauter.

Abgesehen hiervon hätte der Betreiber des Online-Shops in obigem Beispiel, das Spiel nach Veröffentlichung der Indizierung im Bundesanzeiger, umgehend aus seinem Internet-Angebot nehmen müssen. So dürfen gem. § 4 Abs. 1 Nr. 11 Jugendmedien-Staatsvertrag (JMStV) Spiele, die gem. § 18 JuSchG in den Index jugendgefährdender Medien aufgenommen wurden, nicht angeboten werden. So wäre hier § 4 Nr. 11 UWG anzuwenden da ein Rechtsbruch nach § 4 JMStV sowie nach § 12 JuSchG vorliegt. Wird das Angebot nicht entfernt, so kann eine Abmahnung durch einen Mitbewerber erfolgen, der sich auf das Urteil des OLG Hamburg vom 02.04.2008 (Az.: 5 U 81/07) berufen könnte. Laut diesem Urteil verstößt der Verkauf indizierter Spiele nicht nur gegen das Jugendschutzgesetzt, sondern auch gegen das Gesetz gegen den unlauteren Wettbewerb.

5. Ausblick

Am 22.03.2010 erlies das Ministerium für Bildung, Frauen und Jugend eine Art Verwaltungsvorschrift, welche die genauen Regelungen für die Kennzeichnung von jugendgefährdenden Medien konkreter auslegen soll.

Laut diesem Schreiben betrifft die Kennzeichnung von indizierten Medien nur Neuware. Gebrauchte Ware bleibt hiervon unberührt. Generell ältere Spiele und andere digitale Datenträger sind solange nicht kennzeichnungspflichtig, solange sie nicht zum Verkauf stehen. Desweiteren ist von der Nachstickerung von Neuware auch nicht der Verkauf durch Privatpersonen betroffen.[19]

Hauptgrund für den Erlass war die bereits in Kapitel 3 angesprochene Problematik, des Verkaufs und Vertriebs von gebrauchten Spielen und anderen digitalen Medien im Internet.

Ein eindeutiges, klärendes Urteil ist bisher noch nicht gesprochen worden. Zwar soll vieles für eine allgemeingültige Regelung (auch bei Privatpersonen) sprechen, jedoch fehlt hier noch der richterliche Zuspruch.

---

[19] Keller-Stoltenhoff, Keller, Münch: Verkauf von Online Spielen (E-Book)

Patrick Niedenführ

6. Fazit

Abschließend kann gesagt werden, dass dieses Thema so schnell nicht ad acta gelegt werden kann. Zwar haben verschiedene Online-Plattformen Vorkehrungen zu dem Verkauf von jugendgefährdenden Medien getroffen, jedoch gibt es immer noch offene Punkte bei dieser Problematik. Noch ist nicht geklärt, inwiefern Privatpersonen haftbar gemacht werden können, sollten die indizierte Medien an Minderjährige verkaufen. Ein Vorsatz kann schlecht bis gar nicht nachgewiesen werden, es sei denn es liegt eine schriftliche Erklärung des Käufers vor, die belegt, dass er Minderjährig sei. Also handeln die Privatpersonen wenn nur fahrlässig.

Theoretisch müssten die Verkäufer eine Kopie des Personalausweises anfordern. Jedoch sind diese Käufer hierauf bedacht Gewinne zu erzielen und ihre Ware zu verkaufen. Somit müssten sich die Verkäufer zwischen der ethischen und der materiellen Seite entscheiden. Desweiteren wird der, dennoch illegale, Besitz von jugendgefährdenden Spielen, unter den selbigen nicht so problematisch eingestuft. Heutzutage sind die Jugendlichen bezüglich solcher Spiele, meiner Meinung nach, psychisch besser gewappnet. Natürlich mögen Ausnahmen die Regel bestätigen. Dennoch hat sich die Jugend aus den 80er Jahren bis heute stark verändert. Die heutige Jugend wächst mit Killerspielen oder Ballerspielen regelrecht auf. Zu meiner Kindheit war die Verbreitung dieser Spiele und die Popularität nicht so hoch. Diese Spiele als Schuldigen für Amokläufe oder Gewaltausbrüche zu stellen, wäre zu trivial. Allein diese neuropsychologische Ansicht wäre eine weitere Seminararbeit wert.

Ich denke es ist wichtig, dass die Eltern die Spielgewohnheiten ihrer Kinder überwachen. Kinder sollten bis zu einem gewissen Alter keine eigene Konsole in ihrem Zimmer stehen haben. Eltern sollten ihre Kinder immer auf die Auswirkungen von Gewalt hinweisen und mit ihnen offen drüber reden. Der private Verkauf von jugendgefährdendem Material zu unterbinden ist schier unmöglich. Hierbei muss jeder selbst wissen ob er wollen würde, dass sein Kind ein Käufer dieser Produkte wird.

Kinder sind die Zukunft des Landes, schon aus diesem Grund genießen sie besonderen Schutz. Dennoch sollte man bedenken, dass Kinder in der heutigen Welt nicht vor allem beschützt werden können. In gewissen Punkten ist eine Auseinandersetzung mit einem Thema oftmals das Beste.

Literaturverzeichnis

Keller-Stoltenhoff, Keller, Münch: Verkauf von Computerspielen (ebook)

http://www.bmfsfj.de/RedaktionBMFSFJ/Abteilung5/PdfAnlagen/jugendschutzgeset z-fliesstext,property=pdf,bereich=bmfsfj,sprache=de,rwb=true.pdf (23.04.2011, 14:32 MEZ)

http://de.wikipedia.org/wiki/Ebay#Kritik (23.04.2011, 14:12 MEZ)

http://www.spio.de/index.asp (23.04.2011, 14:20 MEZ)

http://www.it-recht-kanzlei.de/ (23.04.2011; 14:01 MEZ)

http://www.it-recht-kanzlei.de/abmahnung-ebay.html (23.04.2011, 14:05 MEZ)

http://www.it-recht-kanzlei.de/indizierte-spiele.html (22.04.14:39 MEZ)

http://bundesrecht.juris.de/bundesrecht/bgb/gesamt.pdf (23.04.2011, 15:01 MEZ)

http://www.medienzensur.de/seite/indizierung.shtml (24-04-11, 14:11 MEZ)

http://www.gesetze-im-internet.de/JuSchG/__27.html (24-04.11, 14:34 MEZ)

http://www.usk.de/ (25.04.2011, 13:34 MEZ)

http://www.pegi.info/de/ (25.04.2011, 13:37 MEZ)

http://www.gesetze.juris.de/JuSchG/__15.html (25.04.2011, 14:25 MEZ)

http://wirtschaftslexikon.gabler.de/Definition/versandhandel.html (26.04.2011, 15:30 MEZ)

http://de.wikipedia.org/wiki/Ebay#Rechtliches (27.04.2011, 10:59 MEZ)

http://de.wikipedia.org/wiki/Ebay#Grunds.C3.A4tze (27.04.2011, 11:11 MEZ)

http://www.gesetze-im-internet.de/tmg/ (27.04.2011, 11:29 MEZ)

http://www.gesetze-im-internet.de/uwg_2004/ (27.04.2011, 11:35 MEZ)

http://ruessmann.jura.uni-sb.de/bvr2003/Vorlesung/we.htm (27.04.2011, 11:45 MEZ)

http://wirtschaftslexikon.gabler.de/Definition/parallelimporte.html (03.05.2011, 10:18 MEZ)

http://www.it-recht-kanzlei.de/grauimport-computer-konsolenspiele.html (03.05.2011, 10:32 MEZ

http://www.artikel5.de/gesetze/jmstv.html (23.06.2011, 12:16 MEZ)

http://www.kjm-online.de/de/pub/recht/gesetze_und_staatsvertraege/jugendmedienschutz-staatsvertr.cfm (25.04.2011, 14:19 MEZ) http://www.standardvertraege.de/tipps_zitaterecht.html (23.06.2011, 12:20 MEZ)

http://de.wikipedia.org/wiki/Jugendschutzgesetz_%28Deutschland%29#Novelle_1._
    April_2003 (25-04-11, 13:45 MEZ)

www.ingramcontent.com/pod-product-compliance
Lightning Source LLC
La Vergne TN
LVHW042306060326
832902LV00009B/1296